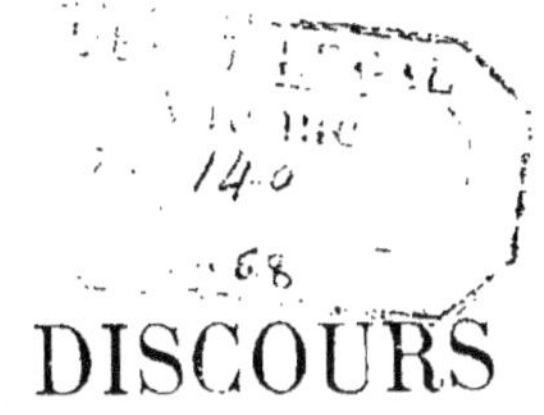

DISCOURS

PRONONCÉS AUX OBSÈQUES

DE

M. ABEL PERVINQUIÈRE

LE 5 NOVEMBRE 1868

PAR

M. OLIVIER BOURBEAU

DOYEN DE LA FACULTÉ DE DROIT ET MAIRE DE POITIERS

ET M. CALMEIL

AVOCAT.

MESSIEURS,

L'enseignement du droit vient de perdre un de ses plus savants maîtres ; le barreau , l'un des hommes dont le talent et le caractère ont le plus honoré le titre d'avocat : et la cité en deuil, un généreux citoyen, aussi grand par le cœur que par l'intelligence, dont tous les actes ont été des services rendus ou des bienfaits accomplis.

La douleur publique a déjà trouvé d'éloquents interprètes ; une mort imprévue frappait hier celui que nous pleurons, au moment où se préparait la grande solennité destinée à inaugurer la reprise des travaux judiciaires. De touchantes paroles prononcées par les représentants les plus élevés de la magistrature ont rendu un éclatant et public hommage à l'avocat, qui ne devait plus répondre à l'appel de son nom, pour prêter le serment de fidélité aux devoirs de son Ordre , mais dont la vie entière apprend comment on les observe. Aujourd'hui c'est en présence d'un fils et de frères désolés, de confrères et d'amis réunis dans un pieux cortége que je dois remplir la mission de rendre à une mémoire à jamais vénérée le témoignage qui lui est dû.

Abel Pervinquière , né à Sainte-Radégonde en Vendée, le 10 septembre 1797, était le second fils de Mathieu-Joseph-Séverin Pervinquière , membre de l'Assemblée Constituante , et de Marie-Louise-Angélique Belliard , sœur de l'illustre général, comte Belliard.

Son père , nommé baron de l'Empire et président à la cour de Poitiers , vint prendre possession de son siége de magistrat en l'année 1811. Abel Pervinquière fit alors ses études dans le Lycée de Poitiers, qui peut placer son nom parmi ceux des élèves dont il se glorifie. Les projets de sa famille, l'affection presque paternelle du général Belliard, la faveur espérée du souverain dont les puissantes mains avaient un jour caressé le front de l'enfant, tout dirigeait le jeune Pervinquière vers la carrière des armes. Il devait être page de l'empereur, pour obtenir bientôt un grade dans l'armée. La Restauration renversa ces projets. Abel Pervinquière, au sortir du Lycée, suivit les cours de la Faculté de droit de Poitiers. Là ses véritables aptitudes se développèrent, et sa jeunesse, dans la nouvelle carrière qui s'ouvrait à son activité , trouva bientôt un puissant patronage auprès de ce maître illustre dont la renommée rayonne encore de tout son éclat sur le barreau de Poitiers et sur l'école qu'il a dirigée.

Abel Pervinquière, reçu avocat à la fin de 1817, plaidait sa première cause en 1819 et obtenait , la même année, la main de la fille de Boncenne. Les causes ne manquèrent pas au jeune avocat que cette noble alliance protégeait contre l'obscurité. Les affaires judiciaires avaient à cette époque une importance et des difficultés qui ne se rencontrent plus qu'à de longs intervalles. L'état des citoyens compromis par les guerres civiles , les réclamations des émigrés, les revendications dirigées contre les communes, les questions transitoires résultant des droits acquis sous la législation abolie, l'incertitude de la jurisprudence dans l'interprétation de la législation nouvelle, tout concourait à donner un caractère solennel à ces débats judiciaires auxquels le jeune avocat était appelé à prendre part ; et il ne faut pas s'étonner que les jurisconsultes élevés à ce difficile apprentissage y aient contracté l'habitude du travail assidu, des discussions approfondies, de l'ampleur dans les développements, de la gravité dans la forme. Pervinquière se trouva bientôt à la hauteur de ces grandes causes. Il s'y préparait par un labeur que les forces humaines semblent impuissantes à accomplir. Il s'initiait à la science du droit romain par la lecture des grands jurisconsultes du seizième siècle et par l'étude des textes récemment découverts. Il étudiait avec un zèle égal les anciens feudistes et les commentateurs de nos vieilles Coutumes ; et quant au droit moderne , il en constituait les théories dans des traités à son usage, où il rassemblait avec amour les trésors de son érudition.

Comme avocat, nul ne lui était supérieur pour la direction d'un procès , pour la fécondité des moyens , pour les ressources de l'attaque ou de la défense. Son âme loyale accueillait facilement les griefs de ses clients , et sa parole toujours convaincue, sa ténacité souvent heureuse étaient le résultat de cette généreuse confiance dans la légitimité des prétentions qu'il appuyait. La passion du jurisconsulte élevait jusqu'à l'éloquence les accents de sa voix dans ces causes où la théorie prend la première place. En l'admirant, on reconnaissait dans l'avocat, l'érudit.

Sa place était marquée dans cette école de droit où Boncenne occupait alors comme au barreau le premier rang. Une chaire de Code civil était devenue vacante en 1834. Il fallut une insistance à laquelle il finit par céder, pour déterminer Pervinquière à se présenter au concours. Il n'était pas encore docteur en droit. Il obtint ce grade en quelques semaines et fut nommé professeur aux applaudissements de ses concurrents, le 18 mars 1835.

Son enseignement laissera dans notre école de grands souvenirs. Devant cette jeunesse que son cœur affectueux aimait, avec quelle lucidité de langage, avec quelle abondance d'aperçus, quelle sûreté de raisonnement, il développait ses théories éprouvées par l'expérience des affaires ! C'est que, par l'application aux intérêts privés, des principes généraux du droit, il donnait chaque jour à son esprit un nouveau ressort, et fortifiait cette autorité et cette sûreté de doctrine, qui ont illustré sa chaire.

Les devoirs de l'enseignement ne l'avaient pas en effet éloigné du barreau ; le lien qui nous rattache les uns aux autres est de ceux qu'on ne brise pas sans peine. C'est le lien de la fraternité qui unit les avocats entre eux ; et le professeur qui forme la jeunesse en la dirigeant vers le barreau, s'unit à ses élèves par un premier lien : nous les appelons nos enfants, avant de les appeler nos confrères.

Combien de jeunes stagiaires ont trouvé dans leur ancien maître la sollicitude d'une affection paternelle ! Dans ce cabinet où les clients venaient de toutes les parties de la France chercher des avis et des consultations, on voyait Pervinquière entouré de ses anciens élèves admis à son intimité, trouvant auprès de lui la direction qui éclaire, l'appui nécessaire aux débuts et ces mouvements du cœur qui consolent des déceptions et encouragent à la persévérance.

C'est ce noble cœur que je voudrais surtout louer. Doué d'une sensibilité que des pertes douloureuses ont souvent mise à l'épreuve, il avait pour toutes les infortunes des sympathies, pour les adoucir une libéralité inépuisable et un concours dévoué. Et quand il avait entrepris devant la justice attentive la défense d'un malheureux, il le protégeait de son ardeur, de ses accents, de ses larmes. Comment énumérer ses bienfaits? On peut les deviner par le nombre des malheureux qui le pleurent.

Ces grandes qualités, cette science profonde ont souvent attiré sur lui les regards. Deux fois il a refusé les fonctions de doyen qui lui étaient offertes. Un poste éminent dans la magistrature a été refusé par lui. Les affections de la famille remplissaient son cœur, l'amour de la science suffisait à l'activité de son esprit.

Hélas ! dans cette existence d'un sage, le malheur devait bientôt pénétrer. Il vit mourir à quinze ans ses deux filles adorées. La mère de ses enfants, cette femme distinguée, si digne des deux noms qu'elle a successivement portés, les suivit dans la tombe ; et dans cette année fatale il conduisait le deuil d'un frère et d'une sœur enlevés à ses affections. L'amour d'un fils, la tendresse qu'il avait pour ses petits-enfants dont il aimait à se voir entouré, consolaient son cœur, sans guérir sa blessure. Mais l'intelligence resta toujours active. Besoin impérieux de sa nature, le travail s'imposait même à ses douleurs. Ses jours et ses veilles se succédaient avec l'uniformité d'un labeur incessant. La journée du 2 novembre s'écoula dans les mêmes occupations : il donna, comme il arrivait souvent, quelques heures de la soirée à une réunion de famille ; de retour dans cette maison où semble retentir encore sa voix bienveillante, il s'endormit préparé pour le travail du lendemain ; la mort l'a frappé dans son sommeil, condamnant l'infatigable athlète à l'éternel repos.

Son âme pure s'est envolée vers Dieu accompagnée des bénédictions du pauvre et du témoignage que rendent pour lui les actes de sa vie et que confirme l'expression de la douleur publique s'associant aux larmes de la famille.

Au milieu de ces unanimes regrets, notre voix s'élève au nom des professeurs, au nom de la jeunesse de l'école, pour adresser un dernier adieu à celui qui fut une de nos gloires, un collègue affectueux, un ami dévoué de la jeunesse ; pleurez-le, jeunes gens, car en vous donnant les fortes leçons qui élèvent l'intelligence, il vous montrait en même temps, par ses exemples, comment on traverse la vie en laissant une trace lumineuse et pure.

Après ce discours, M. Calmeil prend la parole en ces termes :

Le barreau aussi revendique vivement le vénérable Abel Pervinquière. C'est qu'en effet la question se trouve difficile à résoudre de savoir si, par ses remarquables leçons à l'école de droit, le professeur a rendu plus de services à son pays que l'avocat par ses consultations profondes, sa parole ferme et persuasive, dans les procès qui lui ont été confiés.

Devenu le gendre, quand il n'avait encore qu'un début, de l'un de nos plus illustres maîtres, qui ne lui a certainement donné sa fille que parce qu'il avait su l'apprécier, sa passion la plus vive fut de marcher sur les traces de son beau-père. Pendant plus de 15 ans il s'est livré, avec une louable ardeur, uniquement à la carrière de la plaidoirie.

Nul n'aimait le travail plus que lui, et les circonstances étaient favorables pour qu'il s'abandonnât tout entier à sa noble ambition : c'était le passage des lois anciennes aux lois nouvelles ; cette transition enfante toujours les questions les plus compliquées et les plus délicates.

Les Coutumes étaient abrogées... Mais que de difficultés à vaincre, quand les contrats avaient été formés sous l'ancien droit et qu'il fallait en faire l'application sous le nouveau !

La féodalité n'existait plus... Mais de nouvelles espérances étaient nées des changements survenus dans l'état politique : il a fallu étudier bien des questions féodales !

Les lois qu'on est convenu d'appeler *intermédiaires*, publiées de 1789 à 1804, avaient été élaborées souvent au milieu des plus terribles bouleversements... La plupart d'entre elles se ressentaient de la précipitation avec laquelle elles avaient été faites !

De novembre 1814 à novembre 1817, quand Abel Pervinquière faisait ses études de droit , on n'enseignait à l'école que le Droit romain, le Code civil, une partie de la procédure... Lorsque bientôt il a été chargé, comme avocat à la Cour, d'expliquer devant elle ces questions qui se présentaient nombreuses dans un vaste ressort , il lui a fallu consulter bien des textes inconnus, fouiller dans bien des commentaires. Cependant, ne reculant jamais devant la peine , il ne venait pas à l'audience sans les avoir tous lus, tous médités. La preuve s'en trouvait dans ses plaidoiries, toujours nourries de citations avec indication des sources où il avait puisé.

Il convient de dire aussi que le travail n'était guère moins pénible pour l'application des lois nouvelles , car les commentaires , qui ne sont pas rares aujourd'hui , étaient alors en très-petit nombre , et la jurisprudence était à l'état d'enfance. Il nous sera bien permis de glorifier la mémoire de notre ami de ce qu'il a , par ses recherches et ses méditations , par sa logique serrée qu'on aurait pu prendre pour de l'opiniâtreté quand il était profondément convaincu, par ses efforts de toute nature , puissamment contribué à fonder cette jurisprudence.

Cependant tant de travaux , accomplis sans qu'aucune peine fût épargnée , n'ont pas suffi à la prodigieuse activité de notre regretté confrère. Après ces 15 années consacrées exclusivement à la barre, il a désiré, et obtenu au concours , cette chaire à l'école de droit , où il a brillé de tant d'éclat. Une voix éloquente vient de vous rappeler les mérites éminents du professeur : nous revenons à l'avocat.

Cette nouvelle fonction n'a rien retranché des travaux auxquels il se livrait dans la profession à laquelle il avait d'abord voué son existence. Qui pourrait mesurer le monceau de dossiers qu'il a encore dépouillés dans les 34 dernières années de sa vie ? Qui pourra jamais réunir, pour en faire une collection précieuse , ces consultations sans nombre , où brille la profonde érudition à côté de la conscience la plus pure ? Qui nous dira les veilles, les nuits que le scrupuleux avocat a données aux affaires de clients qui même ne l'ont jamais su ?

S'il se doutait que je fais ainsi allusion à son désintéressement , vertu qu'il possédait à un haut degré , sa mo-

destie m'arrêterait tout court , car je sais qu'elle a beau-
coup souffert d'une révélation, due au hasard, qu'un magistrat illustre a relevée à son grand honneur dans une
audience solennelle de la capitale , en le citant comme
exemple aux hommes de la profession déterminés à mettre
la considération au-dessus de la fortune.

Une autre vertu de l'avocat c'est sa bienveillance , sans
aucune distinction de rang, à accueillir tous ceux qui ont
besoin de ses conseils. Il arrive souvent que les clients qui
attendent dans l'antichambre donnent des marques d'im-
patience, tandis que lui, toujours calme, écoute avec patience , interroge , encourage ou console avec la plus
louable bienveillance. Personne n'était mieux doué de
cette riche vertu que le confrère que nous pleurons. Il la
prodiguait sans même s'apercevoir qu'on lui prenait des
heures dont il avait si grand besoin pour ses autres travaux.

S'il fallait parler , une à une , de toutes les heureuses
qualités de son caractère, de son âme, de son cœur,
vous me diriez, Messieurs, que je ne vous apprends rien ;
que depuis longues années cela est passé à l'état de noto-
riété publique : témoin cette consternation qui s'est spon-
tanément répandue sur tous les visages , lorsque la fatale
nouvelle a soudainement circulé dans la ville.

J'avais pour mission d'exprimer les vifs regrets de l'Ordre tout entier, dont Abel Pervinquière a été huit fois

nommé le bâtonnier.... Il a été aimé de tous; il a été pour tous un excellent exemple à suivre; il a prodigué ses conseils aux jeunes avocats qui recouraient à son savoir et consultaient sa longue expérience. Comment n'emporterait-il pas les regrets de l'Ordre qu'il honorait ! C'est un adieu bien cruel pour tous, mais principalement pour l'auteur de ces quelques paroles, qui a fait ses études de Droit avec Abel ; qui a été inscrit au tableau des avocats dans la même semaine que lui; qui a lutté contre lui sans relâche pendant près de 50 années, sans que la vivacité du combat ait jamais soulevé entre eux le plus léger nuage. Adieu ! adieu ! Quand la Providence a prononcé son arrêt, l'homme est obligé de se résigner et doit respectueusement se taire.

POITIERS. — TYPOGRAPHIE DE HENRI OUDIN.

www.ingramcontent.com/pod-product-compliance
Lightning Source LLC
LaVergne TN
LVHW020108070726
842525LV00018B/2312